JN065560

こままわし
名人になろう

日本こままわし協会

中・上級の
ワザとあそび

いかだ社

はじめに
中級から上級の技へ！

　日本の投げごまの特徴として、数多くの技ができることがあげられます。安定してよくまわる形をしているので技もやりやすいのです。

　今では数百種類の技があると言われています。この本ではすべてを紹介しきれませんが、中級の基本技からその応用の上級技まで、代表的な技を紹介したいと思います。

技をするときに注意したいこと

●まわりの人や物に気をつけて練習しよう。人のいるほうに投げないこと。近くにガラスなどがないか注意しよう。

●いきなりむずかしい技に挑戦せずに、基礎の技をくりかえし練習しよう。それが上達への近道だよ。

●板などを用意しておくといいよ。床を傷つけないし、外で練習するときにも役に立つよ。

●こまを床に置きっぱなしにしないこと。ふんでしまうとあぶないし、こまがこわれてしまうよ。練習やあそびの後はきちんと片づけよう。

●リラックスしてやろう。体に力が入っていると動きが固くなって、うまくいかないよ。

●できない技があったら、むりに続けずに休けいしよう。やみくもにくりかえすだけでなく、なにが原因で失敗しているのか、考えることも大切だよ。

※この本では、右ききの人に向けた説明をしています。左ききの人は、説明の左と右を逆にしてやってみましょう。

日本こままわし協会のウェブサイトで、技の動画を見ることができます。
ホームページ　http://yantya.yokochou.com/

レベル □□■□□□□□

基本技（きほんわざ）

空中手のせ（くうちゅうてのせ）上達編（じょうたつへん）

「空中手（くうちゅうて）のせ」は、投（な）げたこまを直接手（ちょくせつて）のひらで受（う）けて
まわす技（わざ）をまとめた呼（よ）び方（かた）です。中級（ちゅうきゅう）・上級（じょうきゅう）の技（わざ）の基本（きほん）に
なる技（わざ）なので、しっかりできるようになりましょう。

じょうずになるには

1　こまをコントロールする

ひもを引（ひ）きぬくタイミング、引（ひ）きぬく方向（ほうこう）を少（すこ）しだけ変（か）える
ことで、こまが返（かえ）ってくる場所（ばしょ）をコントロールできるよ。

『はじめてのこままわし』
24ページも
参考（さんこう）にしてね

中級（ちゅうきゅう）の技（わざ）

レベル □□■□□□□□

ツバメ返（がえ）し

投（な）げた手（て）で受（う）け、まわす。

レベル □□■□□□□□

ヒバリ返（がえ）し

投（な）げた手（て）と反対（はんたい）の手（て）で受（う）け、まわす。

レベル □□■□□□□□

リフティング

ももで
リフティング。

レベル □□□□□■□□

えんび返（がえ）し

背中側（せなかがわ）で
ツバメ返（がえ）し。

やる技（わざ）によって、右手（みぎて）で受（う）けたり左手（ひだりて）で受（う）けたり。
こまを思（おも）い通（どお）りにあやつれるようになろう！

4

2 こまの回転をより強く

こまの持久力（回転の強さ）があればあるほど、いろいろな技がやりやすくなるよ。（技によっては、回転が弱いとまったくできない）

こまの回転を強くするには、「すばやく投げ、すばやく引きぬく」こと。

野球やドッヂボールで速い球を投げるのと同じように、こまをより速いスピードで送り出せるように、くりかえし練習しよう。こまだけでなく、ボール投げであそぶのも大事！

① かならず下へ向かう

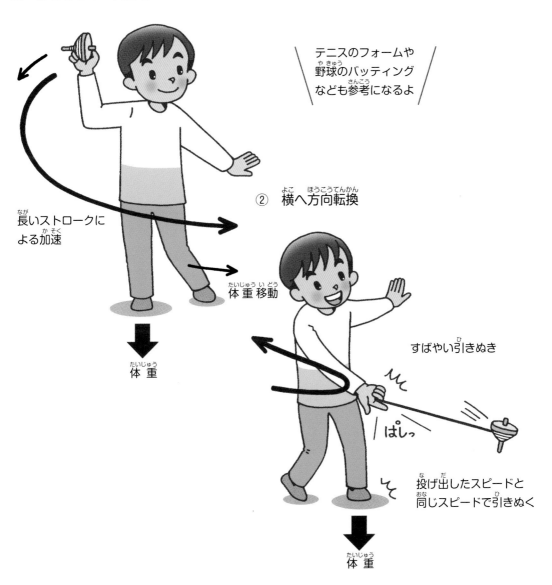

テニスのフォームや野球のバッティングなども参考になるよ

長いストロークによる加速

体重移動

② 横へ方向転換

体重

すばやい引きぬき

ぱしっ

投げ出したスピードと同じスピードで引きぬく

体重

中級の技

レベル

1	2	3	4	5	6	7	8
			■				

基本技（きほんわざ）

スタンダップ

手のひらに乗（の）せたこまを、まっすぐ立（た）てたり、ななめに倒（たお）したり、こまのかたむきをコントロールする技（わざ）。いろいろな技（わざ）で必要（ひつよう）になるテクニックなので、少（すこ）しずつでも練習（れんしゅう）しましょう。

1　こまをななめに手（て）に乗（の）せる

ツバメ返（がえ）しをするときに、上（うえ）から下（した）へななめに投（な）げる。

ななめに手（て）に乗（の）せるには、手（て）のひらの力（ちから）をぬき、少（すこ）しすぼめ、こまの足（あし）を手（て）のしわに引（ひ）っかけるようにする。

あとは、こまの胴体（どうたい）にさわらないように、手（て）をかたむけてよける。

中級（ちゅうきゅう）の技（わざ）

6

2　こまの立て方、倒し方

 立て方　「自分から見た図」の状態から

左（はら側）へ押すと、立ち上がる　　　　右（つら側）へ押すと、倒れる

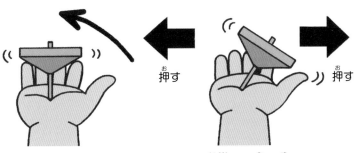

押す　　　　　　　　　　　　押す

自分から見た図

こまは「首ふり運動（歳差運動、みそすり運動）」で左まわりに向きを変えていくので、上から見ると、左まわりのうずまきを描く。

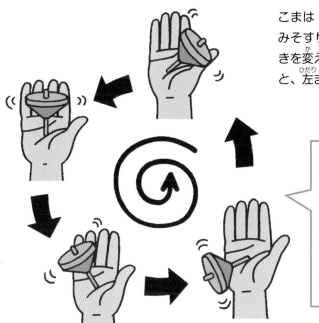

●こまのかたむきが大きいときは、手で大きな円を描き、
●かたむきが小さくなるにつれて、円を小さくする
　これをまっすぐこまが立つまで続けよう。

 倒し方　まっすぐなこまを倒すには、どの方向でもよいので、急に手を大きくかたむけてやると、こまはバランスをくずしてかたむく。

中級の技

レベル

1	2	3	4	5	6	7	8
			■				

つなわたり（右手から左手へ）

両手の間にひもを張り、手のひらに乗せたこまを
反対の手に移動させる技。
こまの技の中でも、みんながあこがれる有名な技です。

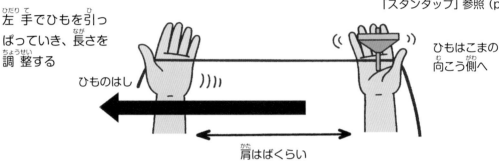

見て練習しよう　ツバメ返し（p4）　スタンダップ（p6）

応用技・あそび　大車輪（p10）　へび（p22）　かまいたち（p29）

中級の技

① 「ツバメ返し」で右手にこまを乗せたら、右手の親指と左
　手の親指でひもをはさみ、両手の間に"つな"をわたす。

手の上でななめにこまを
まわすとよい
「スタンダップ」参照（p6）

左手でひもを引っ
ぱっていき、長さを
調整する

ひものはし

ひもはこまの
向こう側へ

肩はばくらい

② こまが体と反対側へ倒れたタイミングで、右手をかえし、
　こまをひもに乗せる。

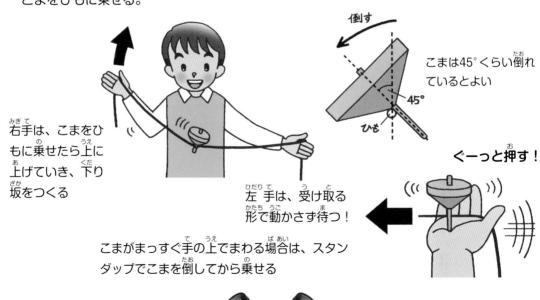

右手は、こまをひ
もに乗せたら上に
上げていき、下り
坂をつくる

左手は、受け取る
形で動かさず待つ！

倒す

こまは45°くらい倒れ
ているとよい

45°

ひも

ぐーっと押す！

こまがまっすぐ手の上でまわる場合は、スタン
ダップでこまを倒してから乗せる

レベル

1	2	3	4	5	6	7	8
			■				

もうひとつの
つなわたり（左手から右手へ）

「ヒバリ返し」（p4）から、こまの回転を使って反対側の
手まで、ひもの上をころがっていきます。スピードがあり、
平行なひもの上をこまがわたっていくので、
見た目もキレイでカッコいい！

ひもはピンと引っぱって張る

！ ポイント

こまがひもに乗っている間、こまの心棒
とひもは直角をたもつ（自分が合わせて
動こう）

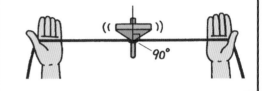

90°

いろいろな
つなわたり

レベル

1	2	3	4	5	6	7	8
			■				

背面つなわたり

背中側でつなわたり

レベル

1	2	3	4	5	6	7	8
			■				

トンネルつなわたり

足の下で
つなわたり

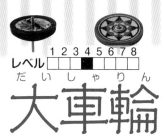

レベル 1 2 3 4 5 6 7 8

大車輪
だいしゃりん

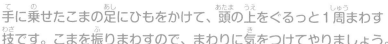

手に乗せたこまの足にひもをかけて、頭の上をぐるっと1周まわす
技です。こまを振りまわすので、まわりに気をつけてやりましょう。

見て練習しよう　ツバメ返し（p4）　つなわたり（p8）

応用技・あそび　空中メリーゴーランド（p11）　へび（p20）　空中大車輪（p22）　くさりがま（p28）

① 「ツバメ返し」の後、「つなわたり」の形を作る。

② こまの足をひもにかけながら、左側へ大きく振
り出し、両手をとじ、ひもをたばねる。

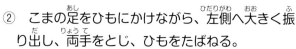

振る

とじる

中級の技

こまの重さと遠心力を利用して、ひ
もを振り出し、回転半径を調節する

③ ひもにかけたこまを頭の上で振りまわ
し、最後、はね上げて手のひらにもどす。

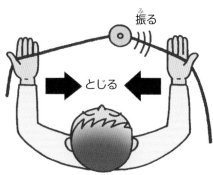

1周

引く

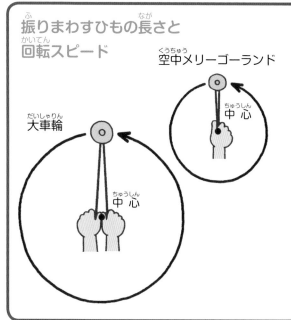

振りまわすひもの長さと
回転スピード

空中メリーゴーランド

中心

大車輪

中心

レベル

1	2	3	4	5	6	7	8
			■				

空中メリーゴーランド

手に乗せたこまの足にひもをかけて、手の下で小さく3周まわす技です。
うまくできるようになれば、何周でもできるので挑戦してみましょう。

見て練習しよう　ツバメ返し（p4）　大車輪（p10）

応用技・あそび　へび（p20）　うずしお（p26）　かまいたち（p27）

① 「ツバメ返し」の後、ひもをこまの足の向こう側にかける。

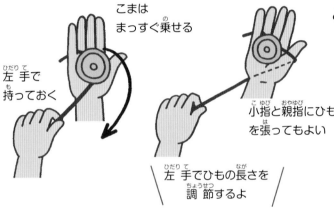

こまは
まっすぐ乗せる

左手で
持っておく

小指と親指にひも
を張ってもよい

左手でひもの長さを
調節するよ

② ひもをかけたまま、こまを向こう側へ放り出し、ちょうどよい長さのところで右手でひもをたばねて、

スルスルスル

中級の技

大車輪のように回転の半径が大きい場合はゆっくりと、空中メリーゴーランドのように回転の半径が小さい場合は早く振りまわす。

！ ポイント

振りまわすスピードが

スポーン

早すぎる→遠心力ですっぽぬける

おそすぎる→ひもにこまの胴体が当たってしまう

ひもの長さに応じて、まわすスピードを調節しよう。

③ 左回転にこまを振りまわす（3周）。最後、はね上げて手のひらにもどす。

ここを
中心に
まわる

手首をかえす

くるくるくる

11

レベル 1 2 3 4 5 6 7 8

フォークボール

こまを上から投げてまわします。ほかのこまに上からぶつけて攻撃できる、
九州けんかごまのこまのまわし方です。

① ひもを左巻き（反時計まわり）に巻き、図のように3本の指でこまを持つ。

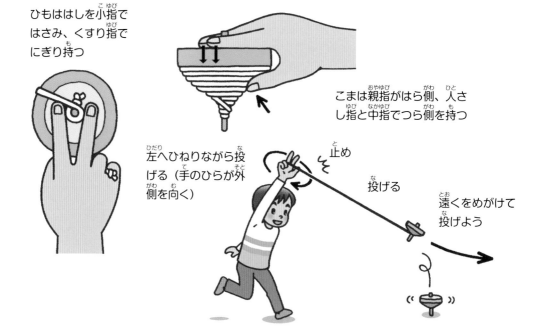

ひもははしを小指ではさみ、くすり指でにぎり持つ

こまは親指がはら側、人さし指と中指でつら側を持つ

左へひねりながら投げる（手のひらが外側を向く）

止め

投げる

遠くをめがけて投げよう

② 頭の上でこまを遠くめがけて投げる。このとき、手首を左へひねりながら投げる。
地面でまわれば成功！

フォークボールのあそび
けんかごま

フォークボールは九州のけんかごまのまわし方。上から投げ、土俵の中の相手のこまにぶつけて土俵の外へはじき出す。自分のこまは土俵の中に残るようにする。

ガッン!!

九州けんかごま
（長崎系）

中級の技

レベル | 1 2 3 **4** 5 6 7 8

カメレオン

カメレオンの舌のように、ひもをのばしてこまをつかまえる技です。
一瞬でひもをこまの足に巻きつけてひもかけ手のせをします。

① 地面でこまをまわしたら、ひもの片方のはしを手に巻きつけ、長さを調節し、両手でひもをピンと引っぱった状態にして持つ。

引く

引く

先端をつまむ

② 左手をはなし、右手で地面のこまをめがけてひもをはじき出し、タイミングよくひもを引いて、ひもの先端をこまにからめる。

③ ひもでこまを引き上げ、手のひらに乗せる。（ひもかけ手のせ）

中級の技

ぱしっ!

カメレオンのあそび
カメレオン競争

こまを1つまわし、そのこまを数人でカメレオンで取りあう。最初に手のひらに乗せた人の勝ち。

13

レベル
1	2	3	4	5	6	7	8
		■					

水車まわし（ひものせ）

体の正面でこまを受け取る水車まわしです。ひものせは
水車まわしの基本となる技なので、この技でこまの動き、
体の動きをしっかりおぼえましょう。

見て練習しよう　ツバメ返し（p4）　つなわたり（p8）

応用技・あそび　いろいろな水車まわし（p16）
　　　　　　　　　つまみ食い（p18）　とうろう（p18）

水車まわしとは、こまを横倒しにまわしてひもの上でまわす技。たてにこまを投げるので「縦技」とも呼ばれます。ひもの上でまわるこまは、より複雑な動きをするので、こまの状態に合わせて体を動かすことが大事になります。失敗するとこまがころがっていくので、壁やネットなどに向かって練習しましょう。

中級の技

① こまを上から下に向けて投げ、ツバメ
　返しと同じようにひもを引きぬく。

地面にこまが当たらないよう、少し早めに引きぬく

少しだけななめに投げる

つなわたりと同じように、ななめの状態だと乗りやすい

ひも

② 上に上がり、落ちてきた
　こまをひもで受け取る。

右手の近くでキャッチすると取りやすくなるよ

ピンとひもを張った状態でこまを受け、あとはこまの重さを感じながらひもをたるませていく。

水車まわしのコツ

① こまの角度

こまは、ひもを引くとき、そしてひもに乗っている間は、図のように向きを変える（首ふり運動または歳差運動、みそすり運動）。

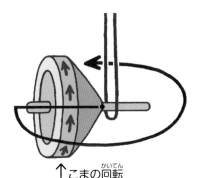

上から見て、頭が左まわりに向きを変えていく

↑こまの回転

② 投げるときは、体の正面でこまを受けられるよう、上から見て手首を少し右にひねった状態で投げる。

足が見えないと取りにくい

右へ

左手はひもを持つ準備をしておこう

乗った後は…（上から見た図）

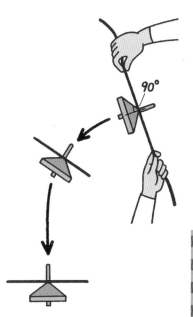

90°

常にひもとこまの心棒が90°で交わるようにしよう（自分も合わせて左回転で動く）

15

いろいろな水車まわし

中級の技

レベル 1 2 3 4 5 6 7 8

またかけ（ふんどしかつぎ）

応用技・あそび　女またかけ

両足の間で、落ちてくるこまをキャッチ

レベル 1 2 3 4 5 6 7 8

こしかけ

応用技・あそび　あしかけ

背中側にひもを張り、右腕の脇でキャッチ

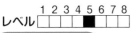
レベル 1 2 3 4 5 6 7 8

女またかけ

ひもの片方を内またではさんでキャッチ

レベル 1 2 3 4 5 6 7 8

かたかけ

応用技・あそび　みみかけ

ひもの片方を肩にかけてキャッチ

ひもが落ちてしまう場合は首ではさむ

!ポイント1

こまが落ちてくるまでに、こまを乗せるひもを用意しなくてはなりません。ひもをきれいに引きぬいたら、右手は左手の元へ持っていき、左手はかるくひもをにぎって、すべらせながらひもをのばしていこう。

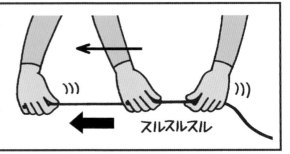

スルスルスル

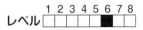

ゆびかけ

親指と人さし指の間にひもを
張ってキャッチ

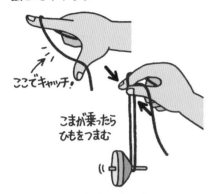

ここでキャッチ!

こまが乗ったら
ひもをつまむ

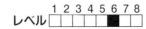

みみかけ（イヤリング）

ひもの片方を耳にかけてキャッチ

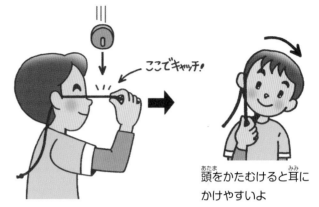

ここでキャッチ!

頭をかたむけると耳に
かけやすいよ

レベル 1 2 3 4 5 6 7 8

あしかけ

ひもの片方をひざの裏で
はさんでキャッチ

！ ポイント２

水車まわしのコツは「ひもさばき」

ひもを引きぬくとき、
ひもがたるまないよう
にいきおいよく、そし
て大きな動きで引きぬ
こう。

目はこまを見よう

ひもがまっすぐのび
ると、その後のひも
さばきもよくなる

ひもがたるんでいると、ひもを取れなかったり、
からまったりしてしまうよ

連続技にチャレンジ

こまがまわっている間に、い
ろいろな水車まわしをできる
だけ続けてみよう。

７連続できたら大名人!?

はねあげて

こしかけ　　　　ひものせ　　　　あしかけ

中級の技

17

いよいよ上級技に<ruby>上級技<rt>じょうきゅうわざ</rt></ruby>に チャレンジだ！

　基本となる中級の技をマスターしたら、おぼえたことを応用して、より上級の技にチャレンジしてみましょう。手順は多くなっていきますが、くりかえし練習をして動きをおぼえましょう。

　こまの技は、ほとんどは子どもたちがあそびの中で気づき、考えて、完成させてきたものです。ある日ぐうぜん見つけたこまの動きを見て、「もしかしたらこんなことができるかもしれない」と思いついたのがスタートラインです。技の名前も地域によ

ってさまざまで、同じ技でも名前がちがうということもあります。

　今では数百種類の技があると言われています。この本で紹介した技もその一部でしかありません。もしかしたら、あそびや練習の中で、またたくさんの失敗の中で、気づいたことが新しい技が生まれるチャンスになるかもしれません。自分だけの技を考えていくのも、こまの楽しさのひとつです。

上級の技

レベル　
1	2	3	4	5	6	7	8
		■					

つまみ食い

つぎの「とうろう」にチャレンジする前にマスターしたい必須技。
「水車まわし」で投げたこまを、
親指と人さし指で受けます。

見て練習しよう	水車まわし（p14）
応用技・あそび	とうろう（p19）

「水車まわし」の要領でこまをたてに投げ、親指と人さし指の指先で作った谷に乗せてまわす。

ここでまわす

18

レベル | 1 2 3 4 **5** 6 7 8

とうろう（燈籠）

「つまみ食い」で受けたこまを、親指の上でまわします。
バランスの悪いこまだと足がブレてあばれてしまうので
うまくいきません。

見て練習しよう　つまみ食い（p18）　スタンダップ（p6）

応用技・あそび　うぐいす（p20）

① 「つまみ食い」をする。つぎに親指
　のはらをこまの足先にあてて、人さし
　指を心棒にあて、手前にぐっと押さえ
　こんでいく。

心棒にあてて押していく（人さし指）

足先にあてる
（親指）

② 人さし指を心棒にあてると、こまが
　立ち上がってくる。
　ちょうどよいところで人さし指の押す
　力を弱め、必要ならば「スタンダップ」
　でこまをまっすぐに立てる。

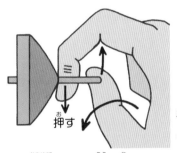

押す

手首を左に"ひねる"
ようなイメージ

親指ははらが上を向いてくる
（こまを乗せる向き）

③ 人さし指をはなし、親指の上でまわす。

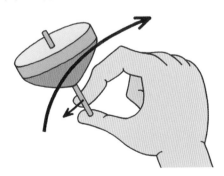

（（ ））

とうろう いろいろな乗せ方

それぞれちがったテクニックが必要だよ！

1

① こまをななめに「ツバメ返し」をして、人さし指で引っかける。

手は大きく左方向へ、円を描くように振る

② 遠心力で人さし指にこまが引っかかっている間に、こまの足の下へ親指をもっていく。

振るのをやめない！

③ 「スタンダップ」を使い、こまをまっすぐ立てる。

手の振りからスタンダップへ、スムーズにつながるとよい

2

① こまを"まっすぐ"ツバメ返しをして、人さし指と中指のすきまに、こまのはらを乗せる。

② すぐに親指をこまの足の下へもっていき、こまを乗せて、人さし指と中指をぬく。

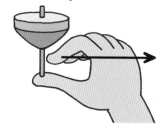

20

うぐいす

「つまみ食い」（p18）で受けたこまを、人さし指の上でまわす技です。
「とうろう」から人さし指に、しんちょうにこまを移してください。

見て練習しよう とうろう（p19）

① とうろうの③でこまがまっすぐになったら、
こまの足の右側に人さし指を置き、手を右に
ひねり、そっとこまを人さし指に移す。

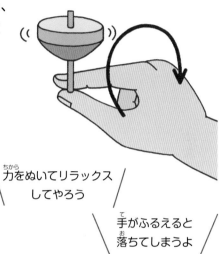

力をぬいてリラックス
してやろう

手がふるえると
落ちてしまうよ

> **！ ポイント**
>
> ●自分の指のどこにこまが安定
> して乗るのか見きわめよう。

親指で押したり支え
たりして、安定する
場所をさがそう

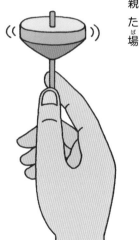

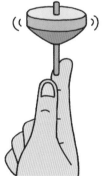

②親指をはなし、人さし指の上でまわす。

上級の技

レベル 1 2 3 4 5 6 7 8

へび

腕のまわりにへびのように巻いたひもを伝って、
こまがすべり落ちていく技。
スピード感と複雑な動きが魅力です。

見て練習しよう 空中メリーゴーランド（p11）

ツバメ返しで "まっすぐ" 手に乗せる。ななめの場合
は「スタンダップ」でまっすぐにする。

① こまの足に、右巻きに1周ひもを巻く。

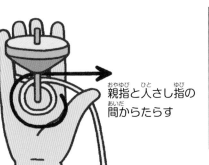

小指のひもは
はなさない

親指と人さし指の
間からたらす

！ポイント

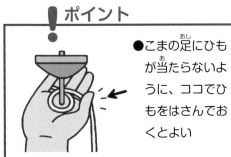

●こまの足にひも
が当たらないよ
うに、ココでひ
もをはさんでお
くとよい

② 図のように、ひもを腕に巻いていく。

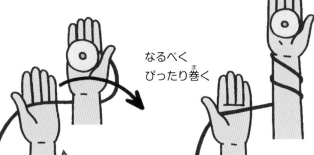

なるべく
ぴったり巻く

ひもを大きく振って
巻いていく

最初は1周、2周から
だんだんふやして、ま
ずは3周をめざそう。

③ 親指を開いて、こまを向こ
う側へ「メリーゴーランド」
のように放り出す。

すばやく

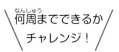

何周までできるか
チャレンジ！

上級の技

④ こまを放り出したら、すぐに腕を垂直に立てる。

こまはひもを伝ってまわりながら降りていく

左手は、かるく引っぱっておく（ひもがたるまないていど）

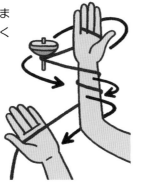

こまがひもを伝うスピードが足りず、腕にこまが当たってしまう場合は、腕を少しだけ振ってサポートしてあげる

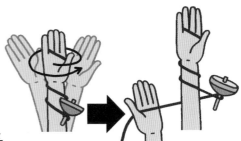

⑤ 下まで降りてきたら、そのまますべらせて左手に乗せるか、「メリーゴーランド」のように振り、引っぱり上げて手のひらに乗せる。

心棒に1回ひもを巻いているので、こまが止まらないよう注意！すぐにひもを外そう

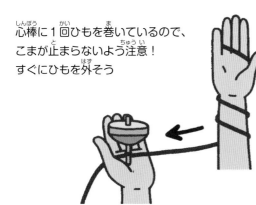

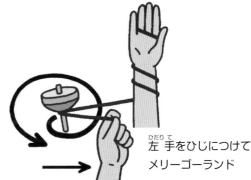

左手をひじにつけてメリーゴーランド

タイミングを合わせて引っぱり上げられるよ

ためしてみよう

じょうずにできるようになれば、いろいろなところにひもを巻きつけてへびができるよ！

レベル 1 2 3 4 5 6 7 8
両手へび

レベル 1 2 3 4 5 6 7 8
大蛇

首のまわりと両腕

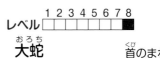

レベル
1	2	3	4	5	6	7	8
						■	

空中大車輪
（くうちゅうだいしゃりん）

こまを手に乗せず、空中でそのままひもをかけて「大車輪」
をします。失敗して落とすとこまがいたみやすいので、
地面がやわらかいところで練習しましょう。

見て練習しよう　大車輪（p10）

応用技・あそび　くさりがま（p30）

上級の技

① こまがまっすぐになるようにツバメ返しをする。

右肩のあたりに大きな動きで引きぬくと、高く上がりやすい

右肩のあたりにこまが返ってくるように何度も練習しよう

こまがかたむいたり、自分のところまでもどってこないよ

真上はダメ

② 飛んできたこまを、両手で張ったひもで引っかけてキャッチ
し、両手をよせてひもをたるませ、大車輪をする。

右手を大きく振ってこまを引っかけよう

こまをよく見て、足の部分をめがけて腕を振ろう

そのまま大車輪

24

レベル 1 2 3 4 5 6 7 8

むち

「ひものせ」の後、ひもの両はしを片手でにぎって輪っかを作り、
はね上げたこまに向かって輪っかを振り、こまを引っかける技です。

見て練習しよう ひものせ（p14）

① 「ひものせ」をする。その後、ひもの両はしを片
　手でにぎり持ち、輪っか状にする。

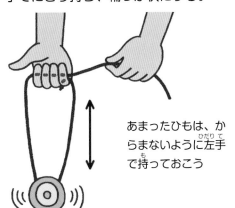

あまったひもは、からまないように左手で持っておこう

輪っかの大きさは好みで

大きい ←	→ 小さい
○ゆっくりできる	○すばやくできる
×ひもがたるみやすい	×こまを取るときのショックが大きい
○ショックの吸収がしやすい	○こまがひもにかかりやすい

② こまを上へ投げ上げ、落ちてきたこまを、ひもで
　作った輪っかで引っかけて取る。

後ろまわり

こまをすくうかんじで

①の状態にもどって成功！

こまのはら側が自分に向いたときに投げ上げる

人さし指近くでこまの足を引っかける

輪っかが閉じないようにまわす

● 連続で何回できるか
● こまが落ちてくるまでに何周ひもをまわせるか
など、チャレンジしてみよう。

ヒュン
ヒュン
ヒュン

上級の技

鯉の滝登り（エレベーター）

「ひものせ」の後、こまの足にひもを巻きつけ、回転力でこまが上へ上がっていく技です。こまの回転力がないと上がっていかないので、強くこまをまわせるように練習しましょう。

見て練習しよう　ひものせ（p14）

応用技・あそび　忍者（p27）

① できるだけこまを強くまわし、「ひものせ」をする。

天井にぶつけないでね

強くこまをまわそうとすると、こまが高く上がりやすくなるので気をつけよう。

※こまの回転が弱いと、この技はできません！

② こまを体の左側でぶらさげられるように、右手を左の肩まで持っていく。

右手は左の肩のあたり

左手は腰のあたり

ひもは指の先でつまむように持っておこう

③ 左手でこまの足にひもを巻き、ひもを上下にかるく引きながら直線にする。

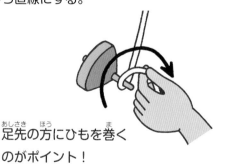

足先の方にひもを巻くのがポイント！

かるく張る

ひもをたるませるとこまが落ちてしまうよ

上級の技

④ ひもを引き、張る力を強めると、こまが上へ上がっていく。
最後はひもをゆるめて、右手の上にこまを乗せ、「スタンダップ」（p6）でこまを立たせる。

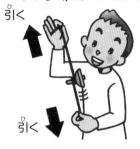

引く

引く

強く引きすぎるとこまが止まってしまう。力かげんをおぼえよう

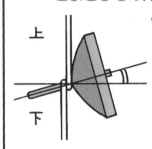

! ポイント
こまとひもの角度

上

下

●少しだけ、こまのはらに上側のひもをあてる。こまに合わせてひもの角度を調整しよう。何度もトライして、こまがいきおいよく上がる角度をおぼえよう。

レベル 1 2 3 4 5 6 7 8 **9**

忍者
にんじゃ

背中側で鯉の滝登りをする技です。

p26の③のとき、右手を右肩の後ろまで持っていく。

刀を背負った
忍者みたい！

ひもが背中にななめにかかる

手首は後ろに返す

道具について

鯉の滝登りや忍者は、細くやわらかいひもを使うとうまくいきます。太すぎるひもや、かるくて回転力の弱いこまではできません。ほかにも、道具の選び方でやりやすい、やりにくい技があります。技がうまくいかないときは、道具を変えてみるのもいいでしょう。

●ひもを引いて張り、鯉の滝登りをする
●こまのかたむきや強さを見てひもの角度を調整できないので、とてもむずかしい。スタート時点で、すべての形を決めなくてはならない！

上級の技

レベル
1	2	3	4	5	6	7	8
					■		

うずしお

「空中メリーゴーランド」（p11）の要領でこまの足にひもをかけて
振りまわしますが、この技は手の下と上で交互に振りまわします。

見て練習しよう　ツバメ返し（p4）　空中メリーゴーランド（p11）

応用技・あそび　かまいたち（p29）

① 空中メリーゴーランドをして、手の下側で1周こまを振りまわし
たら、つぎは手の上側で1周させる。
順番はどちら側からでもOK

下側　　　　　　　　　　　　上側

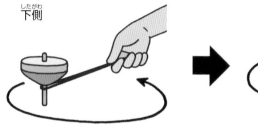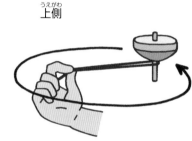

ポイント

●なるべく回転の中心がずれないように、
「手がこまをよける」イメージでやるとう
まくいくよ。

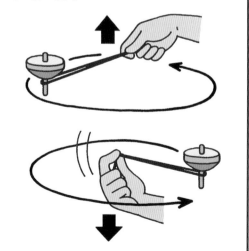

② 上下1回ずつで1セットとし、まずは
3セットくりかえすことをめざす。最後
は手のひらの上へもどす。

何セットできるか
チャレンジ！

●空中メリーゴーランドは手の下側だけで振
りまわすので、ひもがだんだんねじれて、
こまがかたむいてしまう。

ねじれがもどる方向へ力が
かかってしまう

●手の上下でまわすことで、ねじれをもどし、
よりたくさん振りまわせるようになるよ。

レベル | 1 2 3 4 5 6 7 8 **9**

かまいたち

「うずしお」（p28）よりすばやく振りまわすことができる技です。
手の動きが複雑なので、おぼえるまでくりかえし動きの練習をしましょう。

見て練習しよう　ツバメ返し（p4）　空中メリーゴーランド（p11）　うずしお（p28）

① こまがまっすぐ立つようにツバメ返しをする。右手の親指に上から
ひもをかけ、左手にひもを巻いていく（ひもの「あまり」がないように）。

1
●右手
手にこまが乗った状態

●左手
はしをにぎる

2
手の甲で引っかけて巻きとる

3
20cmくらい
つまむ

② 右手に張ったひもにこまの足をかけな
がら、こまを向こうへ放り出す。

左手を右手によせながら
ひもをたるませていく

③ 右手をかえしてひもをつまみ、左手の
指先によせる。この状態で空中メリーゴ
ーランドのように左回転で振りまわす。

指先がはなれると、
こまがひもから外
れやすくなる

④ こまを1周振りまわすたびに、右手と左手の上
下を入れかえる。こまは常に両手の間を通る。

手の動きをおぼえるのがたいへん！

間を通る

こまが向こう側へ行
ったとき、手の上下
を入れかえる

ボールなど

⑤ 手の入れかえ2回で1セットとし、1セットずつふ
やして5周をめざす。最後は手のひらの上へもどす。

最初はひもに重りをしばりつけて、
振りまわすだけの練習を
してもいいね

上級の技

29

くさりがま

輪っかにしたひもを「むち」（p25）のように振りまわし、
空中に投げ上げたこまに引っかけて頭の上でまわす技。
落ちてくるこまをよく見て、タイミングよくひもを引っかけましょう。

見て練習しよう ヒバリ返し（p4）　空中大車輪（p24）　むち（p25）

① こまがまっすぐ立つようにヒバリ返しをしたら、
　 ひもで輪っかを作る。

こまを落とさないように注意しよう！

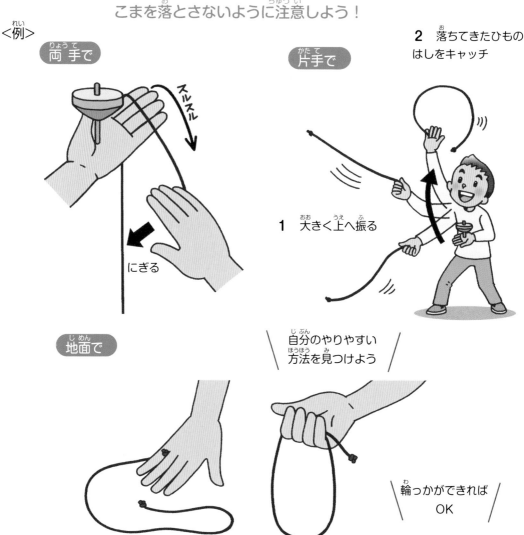

＜例＞

両手で

スルスル

にぎる

片手で

1　大きく上へ振る

2　落ちてきたひものはしをキャッチ

地面で

自分のやりやすい方法を見つけよう

輪っかができればOK

上級の技

30

② こまを高く投げ上げ、落ちてくるまでにひもを頭の上で振りまわす。

ヒュンヒュン

右まわし

最初は2周をめざし、できれば回数をふやしてみよう

1周、2周、3周めで③へ

③ 落ちてきたこまを輪っかで引っかけ、かかったら空中大車輪のように頭の上で1周以上振りまわす。

上級の技

④ 最後は、はね上げて手のひらへもどす。

引く

【著者紹介】
日本こままわし協会 (にほんこままわしきょうかい)
2002年9月、「日本こままわし普及協会」として発足し、ウェブサイトや年5回の会報などで各地のこまや会員の活動、イベント情報などを発信する。2016年に「日本こままわし協会」へ名称変更後もこままわしの普及に努めている。主催する「こままわし大会」は2019年に100回を越えた。

日本こままわし協会会長　日本独楽博物館館長
藤田由仁 (ふじた・よしひと)
「こまのおっちゃん」の愛称で親しまれ、300種以上もあるこまの技や伝承あそびを普及するため日本各地を巡演。10数か国の海外公演もおこなっている。

制作協力●
赤坂幸太郎／島村純／鈴木翔心／谷直柔・谷幹太／照屋礼／長谷川仁薫／古川元気／三上大晴／源口ひいろ／山瀬圭・山瀬琢磨・山瀬竜之介・山瀬千福／吉田直弘／赤坂和広／岡本豊／金坂尚人／上玉利大樹／長谷川貴彦／日高明宏／古井将昭／宮下直毅／門馬洋子
赤羽ベーゴマクラブ／綾瀬児童館／中野スキルトイクラブ

協力●市川昌吾／武田勉／渡邉有希乃
画像提供●日本独楽博物館
撮影協力●喜多英人
イラスト●種田瑞子
本文DTP●渡辺美知子デザイン室

【図書館版】こままわし名人になろう 中・上級のワザとあそび

2020年4月1日　第1刷発行

著　者●日本こままわし協会©
発行人●新沼光太郎
発行所●株式会社いかだ社
〒102-0072　東京都千代田区飯田橋2-4-10　加島ビル
Tel.03-3234-5365　Fax.03-3234-5308
E-mail info@ikadasha.jp
ホームページURL http://www.ikadasha.jp/
振替・00130-2-572993

印刷・製本　モリモト印刷株式会社
乱丁・落丁の場合はお取り換えいたします。
Printed in Japan
ISBN978-4-87051-524-6